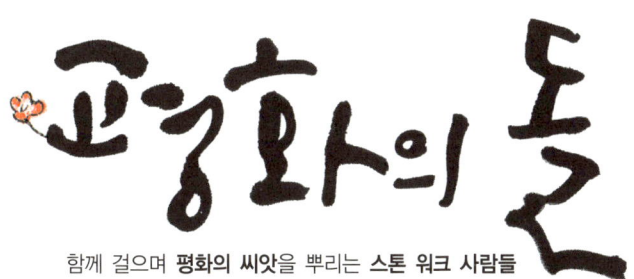

함께 걸으며 **평화의 씨앗**을 뿌리는 **스톤 워크 사람들**

글쓴이 강제숙

강원도 태백산 자락에서 태어났습니다. 대학에서 국어국문학을 공부하고, 일본으로 건너가 동경대학 대학원에서 차별 문제를 다루는 사회학을 공부했습니다. 1995년부터 일본군 '위안부' 피해자 할머니들과 함께 일본 곳곳을 돌아다니면서 '할머니 그림전'을 열기도 하고, 일본군 '위안부' 문제를 해결하기 위해 열심히 활동해 왔습니다.
그리고 장애인이나 원폭피해자와 같은 다양한 전쟁피해자들, 소외된 분들의 문제를 해결하기 위해 평화운동도 해 오고 있습니다. 최근에는 원폭피해자2세 문제에 관심을 가지고 원폭피해자들을 위한 쉼터 '합천 평화의 집'에서 활동하고 있습니다. 2007년에는 "평화의 돌"의 이야기인 '스톤 워크 코리아 2007'을 준비하고 실행하였습니다. 지은 책으로 일본군 '위안부' 피해자 할머니 이야기를 다룬 《끝나지 않은 겨울》이 있습니다.

그린이 오치근

미술 대학에서 회화를 공부했고 백석 시인이 쓴 동화시 열두 편을 만나 그림책에 그림을 그리기 시작했습니다.
지리산과 섬진강이 어우러진 하동 악양에서 살며 가족과 함께 그림을 그리고 있습니다. 2007년에 '스톤 워크 코리아' 평화 순례에 참여하였습니다. 요즘은 학교나 도서관에서 아이들과 함께 그림책 만들기 프로그램을 진행하며, 아이들과 함께 섬진강, 지리산을 돌아다니며 함께하는 '자연미술놀이' 이야기를 어린이잡지에 연재하고 있습니다. 쓰고 그린 책으로 가족 모두가 함께 만든 《초록비 내리는 여행》, 《아빠랑 은별이랑 섬진강 그림여행》과 《아빠랑 은별이랑 지리산 그림여행》이 있고, 그린 책으로 《오징어와 검복》, 《집게네 네 형제》, 《개구리네 한솥밥》, 《바보 도깨비와 나무꾼》, 《호랑이 오누이 쫓아 가는듸 궁딱!》, 《고양이가 왜?》, 《꿈이 자라는 나무》, 《강이 울 때》, 《산골총각》 들이 있습니다.

도토리숲 평화책

평화의 돌 Walk the path of Peace: Stone Walk
: 함께 걸으며 평화의 씨앗을 뿌리는 스톤 워크 사람들

초판 1쇄 펴낸 날 | 2015년 11월 20일 **초판 2쇄 펴낸 날** | 2016년 10월 19일

글쓴이 | 강제숙 **그린이** | 오치근 **펴낸이** | 권인수 **펴낸곳** | 도토리숲 **출판등록** | 2012년 1월 25일 제313-2012-151호
주소 | (우)121-842 서울시 마포구 성미산로 5길 8 삼화주택 102호(성산1동 245-9)
전화 | 070-8879-5026 **팩스** | 02-337-5026 **이메일** | dotoribook@naver.com **블로그** | http://dotoribook.blog.me
기획편집 | 권병재 **디자인** | 솜사탕 **도움을 주신 곳** | 스톤 워크 코리아 2007 한일 실행위원회, 평화박물관

ⓒ 강제숙, 오치근 2015

ISBN 979-11-85934-09-9 74810
ISBN 979-11-85934-08-2 (세트)

* 이 책의 수익금 가운데 일부는 '원폭 2세 환우 생활 쉼터' 건립에 기부합니다.
* 이 책은 저작권법에 따라 보호를 받는 저작물이므로, 무단 전재와 무단 복제를 금하며,
  이 책에 실린 내용을 이용하시려면 반드시 저작권자와 도토리숲의 동의를 받아야 합니다.
* 책값은 뒤표지에 있습니다.
* 이 도서의 국립중앙도서관 출판예정도서목록(CIP)은 서지정보유통지원시스템 홈페이지(http://seoji.nl.go.kr)와
  국가자료공동목록시스템(http://www.nl.go.kr/kolisnet)에서 이용하실 수 있습니다. (CIP제어번호 : CIP2015028656)

※ 어린이 안전 특별법에 의한 제품 표시

품명 도서 / **제조자명** 도토리숲 / **주소** 서울 마포구 성미산로 5길 8 / **연락처** 070-8879-5026
최초 제조년월 2015년 11월 / **제조국** 대한민국 / **사용연령** 8세 이상

취급상 주의사항
* 종이에 베이지 않도록 하세요.
* 책 모서리가 날카로우니 던지거나 떨어뜨려 다치지 않도록 주의하세요.
* 직사광선, 고온, 습기가 많은 곳은 피해 주세요.
* 화기가 있는 곳에 두지 마세요.

KC마크는 이 제품이 공통안전기준에 적합하였음을 의미합니다.

평화의 돌

함께 걸으며 **평화의 씨앗**을 뿌리는 **스톤 워크 사람들**

글쓴이 강제숙 | 그린이 오치근

도토리숲

나는 평화의 돌이야.
사람들이 부르는 이름이지.
'전쟁 피해자를 추모하는 비석'이라는 진짜 이름이 있지만,
평화의 돌로 불리는 게 더 좋아.
난 지금 가야산 기슭에 있는 합천에 있어.
작은 산 속 '합천 원폭피해자복지회관' 작은 뜰에.

나는 아주 먼 곳에서 왔어.

내가 어떻게 합천에 왔는지,
나를 데리고 온 사람들은 누구인지 이야기해 줄게.

2001년 9월 11일 미국 뉴욕에서 끔찍한 일이 벌어졌어.
9.11 사건이 일어난 거야.
세계무역센터 건물과 여러 도시에서 테러 공격을 받았어.
수많은 사람들이 희생되었고, 가족을 잃는 아픔을 겪었지.
그러자 어떤 사람들은 테러를 일으킨 나라를 공격해야 한다고 했고,
어떤 사람들은 그러면 안 된다고 했어.
전쟁을 반대한 사람들은 9.11 사건으로 아픔을 겪은
가족들이 모여 만든 '피스플 투모로우즈'라는
평화운동 시민 단체 사람들과 평화 운동을 하는 사람들이었어.
이 사람들은 전쟁을 반대하며, 평화의 메시지를 다른 사람들에게
전하기 위해 무게가 1톤이나 되는 돌을 나무 수레에 싣고,
'스톤 워크'라는 이름으로 함께 걷기 시작했어.

그 돌이 바로 나야. 내가 태어난 순간이지.
내 몸에는 '전쟁 때 희생 당한
이름 모를 사람들을 추모하는
(UNKNOWN CIVILIANS KILLED IN WAR)'라는 문구가 새겨졌어.
나와 함께 걷는 사람들을 보며,
미국 시민들은 함께 평화를 외치기 시작했어.
또 다른 폭력이나 전쟁 대신 다 함께 공생할 수 있는
평화의 길을 찾아 걷기 시작한 거야.

나와 함께 걸었던 사람들은 여기서 끝내지 않고,
2005년에 날 일본으로 보내기로 했어.
2005년은 미국이 일본에 원자폭탄을 떨어뜨린 지 60년이 되는 해였거든.

제2차 세계대전 중이던 1941년에 일본이 태평양전쟁을 일으키자
미국은 1945년 8월 6일에는 일본의 히로시마에,
8월 9일에는 나가사키에 원자폭탄을 떨어뜨렸어.
이 일로 전쟁과는 관계없는 사람들 수십만 명이 죽거나 방사능 피해를 입었지.
전쟁을 일으킨 건 일본이지만 미국이 떨어뜨린
원자폭탄에 아주 큰 피해를 입은 거야.
이때 일본에 있던 수많은 조선 사람들도 희생되었지.
그래서 미국 시민과 평화 운동가들은 나와 함께 일본으로 가서
사죄와 함께 평화의 메시지를 전하려고 한 거야.

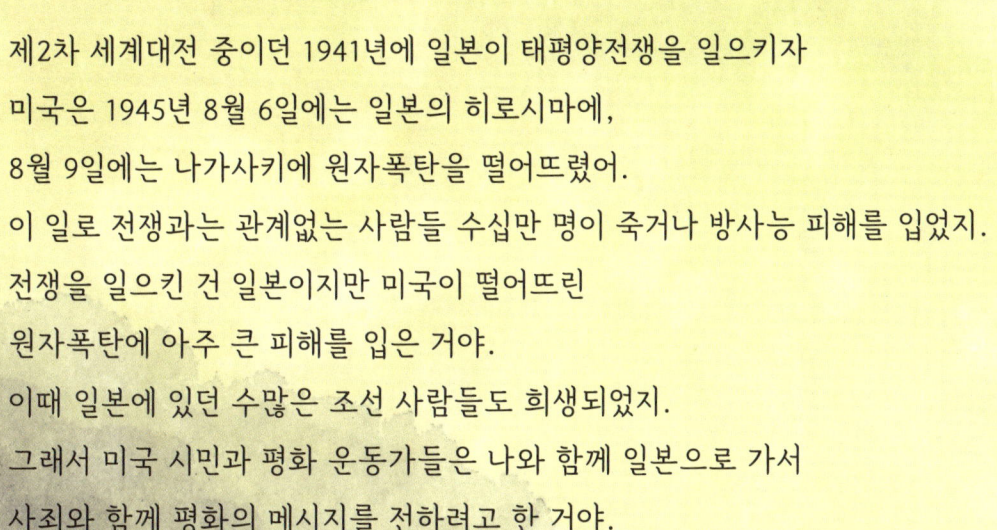

전쟁은 아주 먼 옛날부터 지금까지 지구 곳곳에서 많이 일어났어.
1900년대는 아주 큰 전쟁이 두 번이나 있었고,
많은 사람들이 죽거나 피해를 입었지.
그런데 전쟁으로 희생된 사람들 중에는 전쟁과는 관계없는
일반 사람들이 훨씬 더 많아.
일본이 일으킨 태평양 전쟁도 그랬어.
한국도 1950년에 일어난 6.25 한국전쟁으로 전쟁과 관계없는
사람들이 아주 많이 죽었어.
1960년에 일어난 베트남 전쟁 때도
수많은 일반 사람들이 죽거나 피해를 입었지.

미국에서 스톤 워크를 마치고 나자
미국과 일본의 많은 시민과 평화 운동가들은
나를 일본으로 데려오기 위해 준비를 시작했고,
2005년 7월 나는 일본 나가사키에 왔지.
그리고 원자폭탄이 떨어진 나가사키에서 히로시마까지
한 달에 걸쳐 600킬로미터를 나와 함께 걸었어.
시민들과 함께 걸으며 원자폭탄 희생자와
제2차 세계대전 희생자들을 추모하고,
평화의 메시지를 퍼뜨린 거야.

나중에 나는 히로시마에 있는 '세계 평화 기념 성당'에 놓였어.
히로시마를 방문하는 세계 사람들은
나를 보며 전쟁의 아픔과 평화에 대해 생각했어.

나와 함께 걷던 일본 사람들이 말했어.
"우리 때문에 고통 받았던 한반도로 갑시다!"라고.
일본 사람들은 태평양 전쟁으로 고통 받고 희생된
아시아 여러 나라 사람들에게 사죄해야 한다고 생각한 거야.
미국 사람들이 한 것처럼.
그리고 그 첫 번째 나라는 한국이어야 한다고 생각한 거지.
한국은 일본 때문에 크나큰 아픔을 겪었거든.

2007년 한반도 남녘 땅 한국에서 한국과 일본 평화 운동가들과
시민들이 모여 '스톤 워크 코리아 한일 실행위원회'라는 모임을 만들었어.
나를 데려오기 위해 준비를 시작 한 거야.
가장 먼저 한 일은 일제 강점기 때 강제징용된 조선인 피해자들의
아픈 역사를 공부했어.

그리고 일본에 가서 조선인 희생자들을 추모하며 일제 강점기 때
강제징용으로 끌려간 길을 그대로 따라 나와 함께 걸었지.
조선인 피해자들이 강제로 끌려간 뱃길이던 부산항에서
일본 시모노세키 항을 거쳐, 잊을 수 없는 치쿠호 탄광 지역을 걸었지.
이곳에서 한국 사람들은 너무나도 고통스러운 역사와 마주했어.

일본에서 걷기를 마치고,
나는 수레와 함께 배를 타고 부산에 도착했어.
한국과 일본 평화 운동가들은 회의를 열어,
앞으로 함께 걸어갈 도시와 지역을 정하고 기자회견도 가졌어.
2007년 4월 29일 부산을 출발해서 합천, 지리산, 광주, 천안, 서울
그리고 판문점을 거쳐, 6월 25일 북녘 땅 금강산에서
통일 기원과 평화제를 열기로 했지.
이곳은 모두 일제 강점기와 6.25 한국전쟁의 아픔이 있는 곳들이야.

4월 29일, 모든 준비를 마친 나와 시민들은
부산 민주공원을 출발해 합천으로 향했어.

우리는 부산을 출발해 김해와 밀양,
창녕을 거쳐 합천에 도착했어.
합천에서 원자폭탄 피해자를 만나고
희생자들을 추모했지.
합천은 '한국의 히로시마'라고 불러.

일제 강점기 때, 일본 히로시마와 나가사키로 건너간 조선 사람들은 원자폭탄으로 죽거나 방사능 피해를 입었는데, 원자폭탄 피해를 입은 사람들이 가장 많이 사는 곳이 합천이거든.

내가 합천에 오기까지 가파른 오르막길도 있어 힘들었지만
많은 시민들과 시민 단체의 도움으로 무사히 올 수 있었어.

지나가던 아이들과 경찰도 같이 나를 끙끙대며
밀어 줄 때는 얼마나 감동 했는지 몰라.
정말 가는 곳마다 많은 시민들이 나를 도와주었어.
나는 이 날 수많은 사람들이 평화를 사랑한다는 걸 느꼈어.
정말 행복했어.

우리는 합천을 떠나
거창, 하동, 남원까지 걸었어.
걷는 동안 6.25 한국전쟁의 아픔과
전쟁 때 희생당한 분들을 추모하였지.

이어서 광주, 부안, 익산, 부여를 걷고,
공주와 천안까지 계속 걸었어.
이곳에서는 5.18민주화운동과 동학혁명,
일제 강점기 시기 항일 투쟁과 일본군
'위안부' 피해자의 아픈 역사와 마주했어.

나와 시민들이 부산을 출발한 지 한 달이 지날 무렵,
멀리 미국에서 온 평화 운동가들도 함께 참여해
나와 함께 걸었어.

드디어 6월 5일, 우리는 서울에 도착했어.

서울에서 일본군 '위안부' 피해자
할머니들을 만나고, 수요 집회에도 나갔어.
많은 시민들 앞에서 지금 걷고 있는 이유와
나를 소개하며, 평화를 생각하는 시간도 가졌지.

그리고 다시 서울을 출발해 파주와 강화도를 지나 임진각으로 향했어.

임진각에서 나와 함께 걸은 시민들은 분단의 역사와 마주하였지.
우리는 분단되어 갈 수 없는 북녘 땅을 바라보며,
전쟁 희생자를 위한 추모제를 지냈어.
나는 못 갔지만, 6월 25일에는 평화 운동가들이 모여
금강산에서 통일을 기원하는 평화제도 열었어.

나는 기나긴 일정을 마치고 수레와 함께
'합천 원폭피해자복지회관' 작은 뜰에 놓였어.

처음 걷기를 시작할 때 어떤 사람들은 무거운 나를 수레에 싣고
두 달 동안 한반도를 걷는 건 바보 같은 짓이라고 했어.
하지만 우리는 해 냈지.
많은 시민과 단체가 도와주지 않았다면 불가능했을 거야.

나와 함께 걸었던 평화 운동가 돗 월슈 선생님은 이렇게 말했어.

"무거운 돌을 한 사람이 옮기기는 어렵습니다.
평화 운동도 같습니다.
여러 민족, 여러 나라 시민이 함께 손을 잡고
천천히 움직이는 것이 중요합니다."

몇 년이 지난 지금,
나는 여기 합천에서 베트남으로 가는 날을 기다리고 있어.
내 몸에 새겨질 또 다른 평화 문구를 생각하면서!
베트남 전쟁 때, 한국이 베트남 사람들에게 준
피해와 아픔을 생각하고 평화의 메시지를 전하기 위해서.
내가 미국에서 일본으로 그리고 일본에서 한국으로 온 것처럼 말이지.

내가 베트남에 갈 수 있게 너희들도 날 응원해 줄 거지?

작가의 말

평화의 돌과 함께한 평화의 길

처음 1톤이나 되는 커다란 추모 비석을 끌고 '스톤 워크(Stone Walk)'를 할 거라고 이야기를 했을 때, "참 뜻있는 일입니다."라는 반응도 있었지만, "돌덩이를 끌고 다닌다고요?", "미친 짓 아닙니까?"라는 반응이 많았습니다. 많은 분들이 있을 수 없는 일이라고 했는데, 결국 해 냈습니다.

'참 뜻있는 일'이기에 '돌덩이를 끌고 다니는 미친 짓'을 뜻을 같이하는 일본과 미국 시민과 평화 활동가들과 우리 시민들이 참여하여 2007년 4월 29일부터 6월 25일까지 2개월에 걸친 반전 평화의 길을 걷는 '스톤 워크'를 무사히 마칠 수 있었습니다. 정말 많은 시민들이 자원 활동을 해 주시고, 음식과 잠자리를 마련해 주었습니다. 오래 걷다 몸에 탈이라도 나면 따뜻한 치유의 손길을 내주었습니다. 정말 감동이었습니다.

함께 전쟁의 아픔과 항일 투쟁, 민주 항쟁의 아픔이 있는 많은 지역을 걸으면서 역사와 인권, 평화를 배우고, 사람과 사람, 지역과 지역, 우리 시민과 일본 시민의 소중한 만남도 이루어졌습니다. 합천에서 원폭 피해자 문제를, 공주에서 동학혁명을, 천안에서 일제강점기 독립운동을, 경기도 광주에서 일본군 '위안부' 문제를, 지리산과 노근리에서 6.25한국전쟁 전후 민간인 희생자 문제를, 매향리와 평택, 용산에서 미군기지 문제를, 휴전선 일대에서 남북 분단과 통일 문제를 함께 배우고 이야기하며 경험을 함께 나누었습니다.

스톤 워크에 참여한 시민과 평화 활동가들은 왜 1톤이나 되는 무거운 돌(추모 비석)을 끌며 우리나라 많은 지역을 걸었을까요? 이는 모두가 잘 사는 평화로운 세상, 평화를 바랐기 때문일 것입니다.

그럼 평화는 무엇일까요? 생각해 보면, 평화는 마치 공기와 같아서 우리는 평화의 소중함을 잘 모르고 지내는지도 모릅니다. 전쟁 같은 극단적인 상황이 닥쳐왔을 때, 비로소 평화가 소중하다는 걸 알게 됩니다. 그래서인지 '평화'의 반대는 '전쟁'이라고 생각하기도 합니다. 하지만 전쟁 같은 국가 폭력 말고도 일상에서 우리는 억압과 차별 같은 폭력을 보기도 겪기도 합니다. 그 폭력의 크기는 다를 수 있지만 우리도 모르게 가족 사이에서, 조금 약하다고, 우리와 민족·국가·성(性)이 다르다고 인권 침해와 차별을 강요하기도 받기도 합니다. 이 모두가 폭력이고 전쟁입니다. 이런 우리 주변에서 일어나는 작은 폭력이나 차별을 조금씩 조금씩 없애는 것이 평화롭게 사는 세상으로 가는 길입니다. 이 일이 결코 어렵지 않습니다. 나와 우리 주변에 있는 약한 이들을 생각하고, 배려하고, 이야기를 들어주는 것입니다. 이런 작은 행동 하나하나가 모두 평화로운 세상으로 가는 밑거름입니다.

  우리 주변에는 모두가 잘 사는 평화로운 세상을 만들기 위해 어렵고 약한 이웃이 있는 곳으로 달려가 도움을 주는 사람들이 있습니다. 장애인, 거동이 불편한 분들을 위해 자원 활동하는 사람들, 적은 돈이지만 때마다 기부하는 사람들, 어려운 이웃의 이야기를 들어주는 사람들, 모두 평화로운 세상, 평화를 위해 애쓰는 사람들입니다. 이들 가운데는 일본군 '위안부' 피해자 할머니, 원자폭탄 피해자 분들, 우리나라가 50년 전에 베트남 전쟁에 참전하여, 전쟁과는 관계없이 피해를 입은 일반 전쟁 피해자와 장애를 입은 사람, 고엽제로 피해를 입은 어린이를 돕기 위해 베트남에서 지원 활동을 하고 있는 분들도 있습니다. 모두가 평화의 씨앗을 뿌리는 사람들입니다.

  이런 평화를 위해 힘쓰는 사람들이 뿌린 평화의 씨앗이 우리 세대 때 못 이루더라도 평화의 씨앗은 다음 세대 어린이들로 이어져 평화의 나무로 자라고, 나중에는 커다란 평화의 숲을 이룰 것입니다.

  마지막으로 이 그림책 《평화의 돌》은 저뿐만 아니라 평화를 사랑하는 수많은 미국과 일본 그리고 우리나라 시민들이 함께 만든 책입니다. 전쟁 피해자를 추모하며 스톤 워크 반전 평화의 길에 함께한 분들과, 평화로운 세상을 꿈꾸는 분들, 책을 펴내기까지 함께 애써 주신 분들께 깊은 감사와 평화의 인사를 드립니다.

강제숙

평화 지킴이가 되기를 바라며

이 책을 읽는 모두가
평화 지킴이가 되기를 바라며

"스톤 워크?"

"돌이 걷는다고?"

이상하죠? 움직일 수 없는 돌이 걷다니 말이 되지 않지요. 그런데 2007년 4월 29일에 부산을 출발해서, 6월 15일 임진각까지 '스톤 워크'를 하였습니다. 물론 돌이 직접 걸은 것은 아닙니다. 일본이 우리나라를 침략하고 강제합병하고 피해를 준 것을 사죄하는 문구를 새긴, 무게가 1,000킬로그램이나 되는 추모 비석을 수레에 싣고 일본과 미국에서 온 국제 반전 평화 활동가와 우리나라 평화 활동가, 시민들이 함께 걸었습니다.

스톤 워크(STONE WALK) 운동은 1999년 미국에서 평화 시민 단체 '피스 아비(평화를 위한 수도의 집)'가 시작했습니다. 지금까지 미국, 영국, 아일랜드와 분쟁이 있는 나라와 지역에서 많은 시민들이 참가하여 전쟁을 반대하고 평화를 호소했습니다. 원자폭탄 투하 60년이 되는 2005년 여름, 일본에서 원폭으로 희생 당한 사람과 전쟁으로 희생 당한 사람을 추모하고 평화를 호소하기 위해 나가사키에서 히로시마까지 600킬로미터를 추모 비석을 끌며 행진 했습니다. 그리고 이때 참가한 일본 시민들은 분단된 한국에서 일제의 침략을 사죄하고 한반도에 평화를 바라는 마음을 담아 스톤 워크를 하기로 하였습니다. 미국 시민들이 한 것처럼 말입니다.

이는 일본 평화 활동가들과 시민들이 한국에 사죄해야 한다는 의식에서 출발했습니다. 이에 우리나라 평화 활동가, 시민 활동가, 승려, 목회자, 지자체와 수많은 사람들이 기쁜 마음으로 협력하였습니다. 잠자리와 음식을 제공하고 차량을 통제하고 함께 걸으며 한반도 남녘 땅, 전쟁의 아픔이 있는 많은 지역을 거쳐 임진각까지 걸었습니다. 이때 우리 평화 활동가들은 베트남에 파병하여 죄 없는 베트남 사람들을 죽인 일에 대해 사죄해야 한다는 공감대가 이루어져, 추모 비석(평화의 돌)을 베트남에 보내기로 하였지만, 여러 사정으로 지금까지 이루어지지 못하고 있습니다. 하지만 이 책을 읽는 어린이와 시민들도 언제가 베트남에 가서 이러

한 반전 평화 행진 할 수 있기를 바라고 있습니다.

이 책을 읽은 모두가 평화 지킴이가 되었으면 하는 바람으로 스톤 워크 정신을 다짐하려고 합니다.

미국 평화 단체 '피스 아비'에서 활동하는 평화 활동가 돗 월슈(Dot Walsh) 님은 "무거운 돌을 한 사람의 힘으로는 간단히 움직일 수 없습니다. 평화 운동도 마찬가지입니다. 여러 민족, 여러나라 시민이 손을 잡고 천천히 움직이는 것이 중요합니다."라고 강조했습니다.

전쟁을 하지 않고 평화 통일을 이루기 위해 무거운 돌을 끌고 가듯이 천천히 남과 북, 그리고 주변의 모든 민족과 시민들이 협력하여 이 땅에 평화와 통일이 오게 함께 반전 평화의 길을 걷기바랍니다.

최정의팔

(전 서울외국인노동자센터 소장, 목사)

평화의 시작

우리는 모두 한 가족입니다

　지난 2007년, 많은 일본 시민들이 1톤이 넘는 평화의 돌 전쟁 피해자를 추모하는 비석을 갖고 한국으로 갔습니다. 강제합병과 제2차 세계대전으로 고통 받고 희생된 한국인들을 추모하기 위한 긴 여행을 한국 시민들과 함께 하기 위해서입니다. 추모 비석에는 영문으로 "Unknown Civilians Killed in War(전쟁 때 희생 당한 이름 모를 사람들을 추모하며)", 한국어와 일본어로 "사죄와 우호, 평화를 위하여, 謝罪と友好, 平和のために"라는 문구가 새겨졌습니다. 저도 여러 미국 평화 활동가들과 함께 추모 비석과 비석을 실은 나무 수레를 만든 일본 시민들을 돕기 위해 미국에서 한국으로 갔습니다.

　저와 미국 평화 활동가, 시민들은 수많은 사람들을 죽인 원자폭탄을 일본에 떨어트린 것과는 직접 관련이 없지만 미국이 한 행동에 대해 책임을 느끼고 있었습니다. 그 때문이었는지 직접 한국에 고통을 준 사람이 아니었지만 무거운 추모 비석을 끌고 부산에서 판문점까지 길고 힘겨운 여정을 한국 시민들과 함께한 일본 시민들과 활동가들의 마음을 이해할 수 있었습니다. 일본과 미국에서 온 시민들은 자기 나라가 저지른 고통스러운 유산을 물려받았으며, 전쟁을 일으킨 잘못을 사죄할 책임이 있다는 걸 알고 있었습니다.

　우리는 한국에서 원자폭탄 피해자와 일본군 '위안부' 피해자 할머니들의 이야기를 들었고, 지금도 그분들 삶의 일부인 슬픔과 아픔을 직접 듣는 일은 고통스러웠지만, 추모 비석을 끌고 계속 앞으로 걸어갈 용기를 주었습니다.

　일본인들과 가까이한 적이 없는 한국인들이 일본인들과 스톤 워크를 함께하면서 우정을 쌓아 갔습니다. 우리는 함께 먹고, 자고, 노래도 부르고, 웃고, 묵념을 하면서, 서서히 한 사람, 한 목소리가 되어 갔습니다. 이렇게 우리는 화해와 평화로 향하는 길로 걸음을 내디딘 것입니다.

스톤 워크를 마치고 추모 비석은 한국인 원자폭탄 피해자들이 많이 살고 있어 '한국의 히로시마'라 불리는 합천에 자리했습니다.

나는 '스톤 워크 코리아 2007'을 이루어 낸 한국 시민과 일본 시민들에게 큰 존경심을 갖고 있습니다. 결코 쉽지 않은 일이었고, 엄청난 협력이 필요했습니다.

우리는 문화, 종교, 지리와는 상관없이 인간(인류)이라는 한 가족에 속해 있으며, 그런 하나됨을 이해하고 믿을 때 비로소 우리가 가진 좋은 점을 서로 연결하고 축하할 길을 발견할 수 있습니다.

용서라는 열매가 완전히 열리기까지는 시간이 많이 걸릴 것입니다. 그러나 지금이라도 우리 자신과 또 다른 사람들이 평화롭게 살기 위해 우리의 마음과 정신은 열고 연결할 수 있습니다.

그 첫 번째는 과거에 상처를 받았거나 지금 고통 받고 있는 사람들 이야기에 귀를 기울이는 일입니다. 이것이 평화의 시작입니다.

돗 월슈(Dot Walsh)

(미국 평화 활동가, 미국 평화시민단체 피스 아비(Peace Abbey))

미국에서 보내 온 평화 메시지

[우리 미래는 지금 우리가 결정하고 선택하는 것에 따라 달려 있습니다. 우리 자신, 사회, 우리 아이들과 미래의 아이들을 위해 평화로운 세상을 원한다면, 우리는 선택해야 합니다. 증오와 폭력이 아닌 사랑과 평화를 선택해야 합니다.]

− 안드레아(Andrea, 미국 평화 활동가, 미국 평화시민단체 피스플 투모로우즈(Peaceful Tomorrows))

평화의 돌과 함께 걸어간 길

2007년 4월 29일 부산

스톤 워크 코리아 2007 첫 출발지인 부산에는 민주화 운동을 기념하는 민주공원이 있습니다.

부산민주공원
1960년 4.19혁명, 1979년 부마민주항쟁, 1987년 6월 민주항쟁 등 민주화 운동을 기리기 위해 1999년에 개관하였습니다.

2007년 5월 5일 합천

합천은 한국인 원폭 피해자 1세와 대물림으로 고통 받는 2세, 3세가 가장 많이 살고 있는 곳입니다. 그래서 '한국의 히로시마'라고 합니다. 합천에는 원폭 피해자 1세 어르신을 돌보는 복지시설인 '합천 원폭피해자복지회관'과 원폭 2세 환우의 쉼터인 '합천 평화의 집'이 있습니다.

평화의 돌
합천 원폭피해자복지회관 뜰에 있는 전쟁 피해자를 추모하는 비석, 평화의 돌

합천 원폭피해자 복지회관
원폭 피해자 1세 어르신을 돌보는 복지시설

2007년 5월 8일 거창

거창은 6.25 전쟁 때, 전쟁과 관계없는 많은 민간인들이 죽임을 당한 전쟁의 아픔이 있는 곳입니다. 그리고 일제 강점기 항일 투쟁과 3.1운동, 의병 유적지가 있습니다.

거창추모공원
6.25 전쟁 때 일어난 거창 사건을 추모하기 위해 만든 공원

2007년 5월 12일 하동과 지리산

하동과 지리산 지역은 일제 강점기와 6.25 전쟁의 아픔이 많은 곳입니다. 하동에는 일본군 '위안부' 피해자이신 고 정서운 할머니 추모비와 평화탑과 항일 항쟁탑이, 남원에는 6.25 전쟁의 아픔을 느낄 수 있는 불에 탄 지리산 실상사가 있습니다.

고 정서운 할머니 추모비
'위안부' 피해자이신 고 정서운 할머니를 기리는 추모비

2007년 5월 17일 광주

광주는 일제 강점기 항일운동과 민주화 운동의 역사가 깊은 도시입니다. 1929년 3.1운동 뒤로 가장 큰 항일운동인 광주학생항일운동이 일어났고, 5.18 민주화 운동이 일어난 곳입니다.

광주학생운동기념관
1929년 광주에서 일어난 학생항일운동을 기리는 기념관

2007년 5월 23일 부안

정읍, 부안, 익산, 김제는 동학농민운동이 일어난 곳입니다.

2007년 5월 29일 천안

천안은 독립기념관과 유관순 기념관과 일제 강점기 때 강제동원이나 어쩔 수 없이 해외로 떠나 다시 우리나라로 돌아오지 못한 재일동포와 해외동포를 기리는 망향의 동산이 있습니다.

국립 망향의 동산 위령탑

2007년 6월 5일 서울

서울에서는 수요집회에 참여하고, 일본군 '위안부' 피해자 할머니를 위한 나눔의 집도 방문하였습니다. 서대문형무소도 방문하여 항일운동의 역사를 마주하였습니다.

수요집회
수요일마다 일본대사관 앞에서 일본군 '위안부' 문제 해결을 위한 정기 수요시위가 열리고 있어요. 1992년부터 지금까지 1,200회가 넘었습니다.

2007년 6월 25일 금강산

6.25전쟁과 분단의 아픔이 있는 휴전선과 임진각에서 전쟁 희생자들을 위한 추모제를 열고, 6월 25일 금강산에서 평화와 통일을 기원하는 평화제를 올렸습니다.

금강산 평화제
스톤 워크 코리아 2007 마지막 일정으로 금강산에서 평화와 통일을 기원하는 평화제를 올렸습니다.

스톤 워크 코리아를 함께한
일본 시민들이 보내온 평화 메시지와 이야기

한국의 어린이들, 안녕하세요.

건강하게 공부하고, 아버지와 어머니 잘 섬기고 있나요? 내가 스톤 워크 코리아에 참가한 게 여든세 살 때였어요. 여러분도 어른이 되면, 일본 사람과 사이좋게 지내 주세요. 여러분을 위해 기도할게요. 그럼 모두 건강하세요. 합장.

— 슈게 텐신(酒迎天信)

분단된 조국을 슬퍼하고 한(조선)반도 남북의 평화 통일을 하루 빨리 이루길 기원하며 부모님이 늘 부르시던 '타향살이'를 부르며 순례했습니다. 스톤 워크 코리아의 마지막 날 혼자 38선에서 동해안을 따라 노숙을 하며 경주와 부산에 도착하고, 다른 분보다 한 달 늦게 일본으로 돌아왔습니다.

—조소환(曺小煥)

정말 고마웠습니다.

스톤 워크 코리아는 2005년 미국 시민의 행동을 배우고, 2007년 한국의 많은 지역을 걸으며 시민들에게 도움을 받았습니다. 일정을 다 마칠 수 있어 지금도 감사한 마음입니다. 그때 신세를 많이 진 아림나 평화학교와는 지금도 교류를 하며 시모노세키에서 일본과 한국을 잇는 활동을 하고 있습니다.

—쿠와노 야스오(鍬野保雄)

'모여서 사는 것이 어디 갈대들뿐이랴. / 바람 부는 언덕에서 / 어두운 물가에서' 지리산 뱀사골의 숲 나무들 아래, 물소리와 함께 들은 마종기 시인의 시입니다. 친구와 함께 걸었던 한국

의 길, 아름다움도 슬픔도 가득한 여행이었습니다. 같은 아시아인으로서 어깨동무를 하고 같은 말로 말하며 살아 보고 싶습니다.
―기무라 히데토(木村英人)

세계에 전쟁이 없도록 기도하면서 광주의 할머니와 함께 추모 비석을 끌었습니다. 어른도 아이도 싸움에서 이기는 것보다 사이좋게 지내는 것을 생각하는 사회가 되기를 바랍니다.
―노자키 치요(野崎千代)

"어째서?"라는 질문을 항상 할 것, 국가가 아니라 사람을 바라볼 것, 손님이 아니라 함께 일하는 동료라는 것, 어른이 되어서도 배울 게 많다는 것, 그리고 그것은 학교에서는 가르쳐 주지 않는다는 것. 만남은 사람을 성장시켜 준다는 것을 체감 했습니다.
―시바타 토모코(柴田智子)

한국 사람들과 직접 만나면서, 문화 차이나 일본에서 절대로 배울 수 없는 올바른 역사를 알 수 있었습니다. 일본의 잔혹한 행동으로 한을 간직하고 있으면서도 따뜻한 마음으로 맞이해 주셔서 감명했습니다. 제 경험을 많은 일본 사람들에게 전하고 싶습니다.
―야노 마스미(矢野尚美)

2007년 5월, 광주에서 스톤 워크에 참가했습니다. 1980년 5.18 민주화 운동에 대해 알게 되었습니다. 국립 5.18 민주묘지에서 추도식에 참가했고, 한국의 역사를 더욱 알고 싶습니다.
―나카노 코이치(中野紘一)

미국에서 시작한 전쟁 희생자에 대한 사죄와 진혼의 돌(추모비) 끌기는 한국으로 이어 졌고, 스톤 워크 코리아에서는 일본 시민의 사죄와 진혼을 가슴에 담고 걸었습니다. 대안학교 아이들, 스님들, 목회자들, 다양한 사람들과 한데 어울리며 마음이 융화되었습니다. 이 마음이 세계로 퍼지기를 바랍니다.
-요시다 무츠코(吉田睦子)

스톤 워크 코리아는 많은 사람들의 지지로 실현되었습니다. 평화는 사람과 사람의 이어짐 속에서 만들어지는 것. 모든 생명은 이어짐 속에서 살아 가는 것. 멋진 만남에 마음으로 감사하고 있습니다. 어린이들도 멋진 만남이 이어지기 바라며, 어린이들의 행복을 진심으로 기원합니다.
-오가타 타카오(緖方貴穗)

열심인 마음 사람을 움직이고, 불가능하다고 말해도 길을 열며 결국 이르게 된다. 국가를 넘어 사람과 사람이 맺어지고 스톤 워크 평화를 위한 생각을 돌에 실어 어린 시절 이별한 고향을 찾아갔습니다.
-아토다 쿠미코(跡田久美子)

스톤 워크 코리아에 참가해 처음으로 저는 한국 사람과 친구가 될지 모른다고 생각했습니다. 그때 얼마나 조선의 근현대사를 모르고 있었는지 깨달았습니다. 그 슬픔과 분노의 역사와 관계없이 정말 많은 한국사람들이 스톤 워크 코리아에서 일본인 참가자와 고락을 함께 해 주셨습니다. 그 고결한 정신에 압도되었습니다.

"어떻게 이러한 힘든 지원을 할 수 있는지요?"라고 여쭤봤습니다. K님은 "한을 풀고 싶습니다."라고 미소를 지으며 태연하게 대답해 주셨습니다.

한국의 친구들에겐 정말이지 대적할 수 없습니다!!

—이시카와 아키코(石川晶子)

미국 시민이 한 스톤 워크 재팬에서 배우고, 일본이 식민 지배를 한 조선 반도 시민들에게 사죄하는 마음으로 걸었습니다. '사죄와 우호. 평화를 위하여' 함께 땀을 흘리고, 많은 친구들을 얻었습니다. 미국에서도 아시아에서도 시민은 평화를 원하고 있습니다.

—이토 간지(伊藤莞爾)

〈스톤 워크 코리아〉 협력단체

소중한 개인 참여자와 함께 2007년 스톤 워크 코리아 반전 평화 순례를 한 단체들

스톤 워크 코리아 2007 한일 실행위원회 | '스톤 워크(Stone Walk)'는 1999년 미국에서 맨 처음 시작되어 지금까지 미국·영국·아일랜드 등지에서 많은 시민들이 참가한 국제반전평화순례입니다. 양심 있는 일본 시민 천오백 명이 뜻을 모아 지난 2005년 7월에는 '스톤 워크 제팬'이 일본에서 행해졌습니다.

일본 참가자들은 이후 일본인들도 태평양전쟁으로 인해 고통 받고 숨져 간 아시아인들에게 사죄해야 한다. 아시아에 대한 그 사죄의 첫 출발지는 한국이어야 한다고 결정했습니다. 이에 곧 '스톤 워크 코리아 2007'이 준비되었고, 한국 지역 시민 사회단체 활동가와 실행위와 협력단체가 협력하였습니다.

뜻을 합한 한일 양국 활동가와 시민들은 2007년 4월 29일부터 6월 25일까지 부산에서 합천, 하동, 광주, 정읍, 부안, 공주, 평택, 수원, 서울 등을 거쳐 북녘 땅 금강산에 이르는 약 두 달간의 '스톤 워크 코리아 2007'을 실행에 옮겼습니다.

(사)한국원폭피해자협회 합천지부 | 한국원폭피해자협회는 일제 강점기에 일본 히로시마와 나가사키에서 원자폭탄으로 피해를 입은 피해자들의 건강 관리와 인권, 권리, 복지를 위해 1967년 설립한 단체입니다. 원폭 피해자의 보상운동, 특별법 제정 같은 원폭 피해자 권리를 위해 활동하고 있습니다.

서울, 합천, 대구, 경남, 부산 지역에 지부를 두고 있습니다. 특히 합천지부는 우리나라 원폭 피해자가 가장 많이 사는 곳으로 원폭 피해자의 인권, 권리와 평화 운동을 가장 왕성하게 활동하고 있습니다.
[한국원폭피해자협회 홈페이지: http://www.wonpok.or.kr]

한국원폭2세환우회 | 2002년 원폭피해자 2세 고 김형률 님이 시작한 한국원폭2세환우회는 원폭피해 후유증을 앓고 있는 원폭 2세의 인권과 권리, 존엄성을 지키고, 원폭 피해자 2세 문제를 알리기 위해 합천 평화의 집과 함께 활동하고 있습니다. 2007년 스톤 워크 코리아 2007에 직접 참여하고 협력하였습니다.

합천 평화의 집은 2010년 3월 1일 고 김형률 님의 원폭 피해자 2세 인권 운동을 계기로 우리나라 원폭 피해자가 가장 많이 살고 있는 '한국의 히로시마' 합천에 설립된 시민단체입니다.

원폭 피해자 1세와 2, 3세 환우들의 인권과 복지를 위한 활동하면서 평화 운동에도 힘쓰고 있습니다.
[한국원폭2세환우회 카페 : http://cafe.daum.net/KABV2PO]
[합천 평화의 집 인터넷 카페 : http://cafe.daum.net/peacehousehapcheon]

합천 원폭피해자복지회관 | 경상남도 합천군에 있는 원폭 피해자 1세 분들 가운데 질병과 장애로 생활이 어려운 분들을 위해 치료와 노후 생활 안정으로 건강과 행복한 여생을 보내도록 도움을 주는 기관입니다. 1996년에 개관하였고, 원폭피해로 사망하신 분들의 위패를 모신 위령각이 있습니다.
[홈페이지 : http://www.krchcwc.co.kr]

아힘나평화학교 | 아힘나평화학교는 2006년에 세워진 중고등통합과정의 작은학교입니다.

'아힘나'란 이름은 아이들의 힘으로 만들어 가는 나라의 머릿글자를 따서 만들었습니다.

아힘나를 통해 이루어 가고 싶은 세상은 더불어 상생하는 정의롭고 평화로운 세상입니다.

아힘나평화학교는 한반도에서 일어나는 다양한(남북, 한일, 환경, 소수자 인권 등)의 문제를 교육의 주제로 삼아 "미래의 역사를 써가는 주체적인 아이들"로 양성해가는 것을 목표로 하고 있습니다.

2007년 스톤 워크 코리아로 인해 맺어진 아힘나평화학교와 일본 평화활동가들은 한국과 일본을 서로 오가며 평화운동, 탈핵운동, 재일코리안 인권운동 등에 힘을 모아 한일민간연대운동으로 넓혀 가고 있습니다.
[학교 홈페이지 : 아힘나인터넷신문사(http://www.ahimna.net)]

평화박물관 | 평화박물관은 1999년과 2000년에 베트남 전쟁 당시 한국군의 베트남 민간인 학살에 대한 사죄운동과 일본군 '위안부'로 끌려가셨던 문명금, 김옥주 할머니의 성금으로 출발한 시민단체입니다. 2003년에 '평화박물관건립추진위원회'를 만든 뒤로, 문화예술 작품 전시와 평화교육과 함께 다양한 활동을 하고 있습니다.
[평화박물관홈페이지 : http://www.peacemuseum.or.kr/]

스톤 워크 코리아 2007에 함께한 한국, 일본, 미국 시민 단체들 |

:: **한국** : 부산 민주공원, 한국원폭피해자협회 합천지부, 합천 한국원폭피해자복지회관, 한국원폭2세환우회, 매암차문화박물관, 광주시민단체협의회, 5·18기념재단, 국립5·18민주묘지관리소, 지리산 생명연대, 지리산생명평화결사, 한국DMZ평화생명동산추진위, 남명기념관, 평화박물관, 합천 자연학교, 남해 갯벌생태학교, 일제강점하 강제동원희생자유족회, 평화의 마을, KIN(지구촌동포연대), 아힘나 운동본부, 한벗재단, 서울외국인노동자센터, 나눔의 집, 일본군 '위안부'역사관, 평화인권센터, 불교인권위원회, 대학생정토회, 평화시민연대, 다큐이야기 등

:: **일본** : 10피트 영화를 상영하는 모임, 시모노세키 시민의 모임, 오다야마묘지 추도집회 실행위원회, 핵·우라늄무기폐기캠페인 후쿠오카, 에프 코프 생활협동조합(エフ·コープ 生活協同組合), 쿠마노미의 모임(くまのみの會), 재단법인 후쿠오카YWCA, 신니테츠 전 징용공문제를 추궁하는 모임(新日鐵の元徵用工問題を追求する會), 사진모임 파토로네(寫眞の會パトロ—ネ), 평화사무소, 평화를 포기하지 않는 사람들의 네트워크 후쿠오카(平和をあきらめない人々のネットワーク福岡), 야하타비디오(八幡ビデオ), 사랑과 평화(Love & Peace), 노동조합 유니온키타큐슈(勞動組合·ユニオン北九州), NPO법인 국제교류광장 무궁화당 우호친선의 모임, 일본그리스도교 키타큐슈지구 야스쿠니·인권위원회, 서암KCC활동위원회, 치쿠호에서 세계를 보는 모임, 평화프로젝트 '背高女', 유니온키타큐슈 임전산업분회(ユニオン北九州林田産業分會)

:: **미국** : 피스 아비(Peace Abbey)
피스플 투모로우즈(Peaceful Tomorrows)

데로라~ 평화의 길

서로가 미워해서 싸우면
아무도 행복하게 못 살아요
하지만 서로 이해하면
가장 소중한 것을 깨닫지요
우리 서로 주고받으며
믿음으로 살아가요
그것은 사랑

힘과 평화의 의미를 이해하며
싸움을 멈추는 용기를 가져요
그것은 어둠에서 벗어나
빛나는 내일 향한 희망의 길
우리 서로 주고받으며
믿음으로 살아가요
우리 서로 주고받으며
믿음으로 살아가요
그것은 사랑 사랑

♪ 노래 영어 원제목: Each to Give
♪ 작사 및 작곡: Words and Music by Derrill Bodley
♪ 우리말 번역: 강제숙 및 후쿠오카 조선가무단

노래 <데로라~ 평화의 길>은 2005년 스톤 워크 재팬(Stonewalk Japan)과 2007년 스톤 워크 코리아(Stonewalk Korea) 때 평화를 기원하며 부른 노래입니다.